UNE SAISON AU

ZOO

Mon quotidien de soigneur

Cyril Hue
Vétérinaire au Zoo de La Flèche

LAROUSSE

Direction de la publication : Carine Girac-Marinier
Direction éditoriale : Julie Pelpel-Moulian
Édition : Léa Combasteix
Direction artistique : Uli Meindl
Conception graphique : Sophie Rivoire
Fabrication : Marlène Delbeken

Avec l'aimable participation de France Télévisions, Banijay Productions France et du Zoo de La Flèche.

ISBN : 978-2-03-593600-4

SOMMAIRE

PRÉFACE

Soigneur animalier : un métier qui fait rêver tant d'enfants ! Passer sa journée à côtoyer boas, aigles, manchots, singes, tigres, ours, otaries, girafes et éléphants, voilà une belle promesse ! Pourtant, il n'en a pas toujours été ainsi. Il n'y a pas si longtemps, le métier de soigneur, qu'on appelait alors gardien de zoo, consistait uniquement à nourrir les animaux, entretenir leurs cages et leur prodiguer les soins de base.

Aujourd'hui, le métier a bien changé. Il a évolué en même temps que les zoos, qui sont devenus des lieux de découverte, d'émerveillement et de sensibilisation ; des lieux où les cages ont laissé la place à de vastes enclos naturels et où la notion de bien-être animal prime.

Le métier de soigneur est d'une grande richesse. Bien sûr, il est toujours question d'entretenir les enclos et les cages des animaux et de nourrir les pensionnaires du parc, mais le soigneur a maintenant d'autres responsabilités : il accompagne les animaux lors des spectacles et il supervise les entraînements médicaux ; il anime des visites accompagnées du zoo ; il observe le comportement de ses animaux pour élaborer des **enrichissements** ludiques et stimulants ; il est enfin assistant vétérinaire quand il faut être au plus proche des animaux malades et leur prodiguer les soins qui vont les guérir.

Être soigneur, c'est être passionné, attentif, rigoureux, observateur, vigilant et patient. C'est avoir une bonne condition physique et aimer la vie au grand air. Être soigneur, c'est surtout être profondément amoureux et respectueux du monde animal, afin que s'établisse l'indispensable lien de confiance qui unit l'homme et l'animal.

Le quotidien des soigneurs

8 h Le point du matin

Anthony, le chef soigneur, rassemble les équipes et donne les consignes pour la journée. Tara, la femelle **ocelot,** a donné naissance à deux petits hier soir. Geoffrey devra s'assurer que les bébés vont bien et tètent bien leur mère. Des travaux sont prévus dans l'enclos des grizzlis. Béranger devra les enfermer de 10 h à midi. La météo est belle aujourd'hui. Le parc va recevoir beaucoup de monde ; tout doit donc être impeccable pour accueillir les visiteurs.

Petite réunion matinale avant d'attaquer une journée riche et mouvementée.

La brouette, un outil très utile !

La préparation du matériel

Chaque soigneur prépare le matériel dont il aura besoin pour sa journée : brouette, seau et poubelle, **ratisse** et pelle, de la litière propre et parfois les premiers repas pour les pensionnaires qui prennent un petit déjeuner.
Pour l'équipe qui s'occupe des éléphants, qui dit « gros animaux » dit « gros matériel ». C'est donc en tracteur que partent les soigneurs pour effectuer leur tournée matinale.

8 h 30 Le tour de sécurité

Dans chaque secteur, le soigneur fait un tour de sécurité pour s'assurer que tout est en ordre, en particulier dans les enclos abritant des animaux dangereux, tels que les fauves, les ours ou les éléphants. Une fois le feu vert donné, le parc peut ouvrir ses portes aux visiteurs.

Le soigneur est ainsi le garant de la sécurité des animaux mais aussi de celle des visiteurs.

Le tour de sécurité : une étape importante chaque matin.

Le retrait des excréments : une tâche déplaisante mais indispensable.

L'entretien des enclos

Après avoir effectué les contrôles réglementaires, comme les tests de clôture électrique, les soigneurs entrent dans les enclos pour les nettoyer de fond en comble : il faut retirer les excréments et les débris végétaux, ratisser le parc et laver les baies vitrées. Tout doit être impeccable pour la santé et le confort des animaux, mais aussi pour que les visiteurs passent un merveilleux moment.

9 h L'enrichissement

Après le nettoyage des enclos, chaque soigneur prépare des petites surprises pour occuper, amuser et stimuler ses pensionnaires.

Aurélie dispose des petits morceaux de viande sur des troncs pour attiser la curiosité des lions.

En cuisine, c'est l'heure du petit déjeuner : voilà plein de fruits et de légumes pour les animaux !

Coup de feu en cuisine

On commence à préparer tous les premiers repas. Chacun a ses préférences et un menu adapté : gamelles de fruits pour les chauves-souris, seaux pour les girafes, graines et noix pour les aras, un petit morceau de poulet pour les loups à crinière ou encore quelques vers de farine pour les fennecs.

9 h 30 La sortie des animaux

Les enclos sont propres et prêts à accueillir les animaux : c'est le moment de la sortie.

Trappes, portes et portails sont actionnés pour que tout ce petit monde aille se dégourdir les pattes. Juste avant, les soigneurs auront jeté un dernier coup d'œil à leurs animaux pour s'assurer que tout le monde va bien.

Les soins des éléphants

Avant leur sortie, les éléphants participent à un petit programme d'entraînement médical. C'est l'occasion de laver et d'inspecter minutieusement leurs pieds, afin de rechercher toute plaie ou tout petit caillou qui aurait pu s'y loger lors de leurs sorties.

Antoine lave et enlève les cailloux sous les pieds de Boubou.

Les girafes pointent leur nez : elles sont pressées de sortir !

10 h Au vivarium

On s'affaire à nettoyer les différents **terrariums :** retrait des excréments, nettoyage de la litière et des bassins, retrait des **mues** des serpents, ces morceaux de peaux qu'ils ont perdus.

C'est le moment que les iguanes apprécient le plus : ils adorent se baigner dans leur terrarium tout propre !

Une fois par semaine, le soigneur nettoie le bassin des caïmans : ces gros reptiles n'aiment pas qu'on les dérange, il faut rester vigilant !

Aurore nettoie le vivarium des serpents.

L'animation des hippopotames

Premier temps fort pour les visiteurs : le goûter des hippopotames. Chacun est invité à donner aux pachydermes un morceau d'endive, une salade ou une pomme, tandis que le soigneur raconte la vie de ces gros herbivores. Ce rendez-vous est surtout une occasion unique de partager connaissances et passion !

Babeth et Masaï redemandent des carottes !

10 h 30 Les interventions vétérinaires

Chez les lions, c'est le grand jour ! Les lionceaux ont été isolés pour leur premier examen par le vétérinaire du parc : ils vont être inspectés sous toutes les coutures. Ils vont d'abord être **sexés,** afin de déterminer s'ils sont un mâle ou une femelle, puis ils seront identifiés à vie grâce à un tatouage unique et électronique. Les soigneurs sont présents pour aider à attraper les bébés et participer à cette intervention qui est rare.

Cyril injecte une puce électronique au lionceau pour l'identifier.

Intervention

Ziama, le mâle hippopotame pygmée, est blessé : c'est l'heure de ses soins ! Tandis que Sabrina attire le jeune animal vers elle avec un peu de foin de luzerne, Cyril, le vétérinaire, asperge les plaies de Ziama à l'aide d'un désinfectant.

11 h La pesée des oiseaux

À la fauconnerie, c'est le moment de la pesée : chaque oiseau est installé sur la balance afin de s'assurer, tel un athlète, que son poids est suffisant pour pouvoir voler. Les poids sont scrupuleusement notés et chaque oiseau se voit attribué une ration journalière d'aliments.

Barbara pèse la chouette Harfang des neiges.

11 h 30 Les premiers spectacles

Au complexe aquatique, c'est le moment du premier spectacle de la journée. Les gradins sont remplis, les animaux en pleine forme. Cela promet un joli moment durant lequel il sera possible d'en apprendre un peu plus sur les mammifères marins et sur les menaces qui pèsent sur nos océans.

Les otaries font leur show !

Les deuxièmes repas

C'est le moment de la tournée de fin de matinée pour les ouistitis et les tamarins. Ces petits singes mangent quatre fois par jour : ce midi, ce sera **gomme arabique** pour les ouistitis et de gros criquets succulents pour les tamarins. Quant aux gibbons qui se prélassent sur leur île, Marie leur jette depuis l'autre rive carottes, céleri et endives dont ils raffolent, ainsi qu'une poignée de croquettes spécialement fabriquées pour ces singes.

Marie nourrit les tamarins avec une petite cuillère.

14 h Les spectacles de l'après-midi

Le spectacle des oiseaux se prépare. Les soigneurs revêtent leur tenue de représentation. Les oiseaux sont équipés de leurs émetteurs et Barbara a choisi quels seront les élus qui voleront aujourd'hui. C'est à l'équipe ensuite de s'installer discrètement derrière les gradins pour lâcher un par un tous les oiseaux, qui sont les véritables stars de ce spectacle !

L'aigle pêcheur fait une belle démonstration de son agilité : il va attraper un poisson en volant !

Un vautour s'apprête à se poser sur le bras de Mélanie. Elle porte un gant de cuir pour se protéger des serres.

14 h 30 Le ravitaillement

Comme chaque jour, le camion arrive en coulisses rempli de nourriture. Tout le monde est réquisitionné pour décharger le véhicule, trier les aliments puis les stocker en chambre froide. Les fruits et légumes serviront dès cet après-midi à la réalisation des derniers repas.

15 h Les animations

Les girafes commencent à s'activer : elles ont vu de loin leur soigneur arriver, les bras chargés de branchages fraîchement coupés. Ce dernier va inviter les visiteurs à monter avec lui sur une estrade en bois pour donner quelques feuilles à ces grands et paisibles herbivores. C'est pour les visiteurs une occasion inespérée d'approcher d'aussi près ces majestueux animaux et d'en apprendre un peu plus sur leur vie.

L'entraînement médical

Les soigneurs du secteur aquatique ont rendez-vous avec le vétérinaire pour un entraînement médical avec les otaries. Il s'agit là d'une séquence importante de la journée : les animaux vont apprendre à se laisser examiner et soigner par leur docteur attitré grâce à la relation de confiance qu'ils ont tissée au fil des années avec leurs soigneurs.

15 h 30 À l'atelier

L'équipe du secteur aquatique se retrouve à l'atelier pour développer la créativité des ours polaires. Objectif : construire un gros jouet à l'aide de bassines et de flotteurs de récupération. Le résultat a l'air de plaire à Taïko !

Effervescence créative pour les soigneurs qui imaginent un nouveau jouet pour les ours polaires.

L'heure du goûter

Pour les primates, c'est le troisième repas ! Marie se rend cette fois-ci chez les chimpanzés. Depuis la pergola, elle appelle Hugo, Caline et Mayoumba pour leur distribuer croquettes et légumes, mais très peu de fruits. Contrairement à ce que bien des gens pensent, on donne assez peu de bananes aux singes car cet aliment est trop riche et trop sucré pour eux.

16 h Le nettoyage des bâtiments

La fin de journée s'amorce, c'est le moment de nettoyer cette fois-ci les loges de nuit. Les soigneurs profitent que les animaux soient tous dehors pour nettoyer les bâtiments et préparer les litières, afin que chacun puisse trouver, en rentrant, un lieu chaud, confortable et propre pour passer la nuit. L'entretien des loges de nuit est une tâche longue et fastidieuse qui occupe une part importante de la journée.

Aurélie invite Jabu à rentrer dans sa cage et à déguster son repas du soir.

Un dernier bisou pour Uzul et bonne nuit !

17 h La rentrée des animaux

Dans une heure, le zoo va fermer ses portes. Les soigneurs entament alors la dernière tournée de secteur de la journée. C'est la quatrième pour certains. Dans chaque loge de nuit, la nourriture du soir est d'abord déposée, puis le soigneur actionne les trappes et les portes afin d'inviter les animaux à rentrer. Ces derniers prennent ainsi leur dernier repas de la journée, le quatrième pour les primates. Après un dernier coup d'œil pour s'assurer que tout va bien, il est temps de dire « Bonne nuit et à demain » !

18 h Au vivarium

C'est le jour du repas mensuel pour les anacondas : deux gros rats sont laissés dans le terrarium pour la nuit. On verra demain matin s'il reste quelque chose...

En coulisses

Tous les soigneurs se retrouvent pour une dernière réunion : c'est l'occasion de faire le bilan de cette journée, et notamment de planifier certaines interventions pour le lendemain. Chacun consigne ensuite ses notes dans le classeur de suivi du secteur, pour que le collègue qui prendra le relais le lendemain matin puisse trouver toutes les informations importantes pour les bons soins des animaux du parc : état de santé, comportement, appétit, suivi des bébés, etc.

Puis c'est l'heure de quitter le parc et de se dire « À demain » pour une nouvelle journée au service du règne animal ; une journée qui réservera probablement à chacun son lot de surprises.

Le classeur de suivi du secteur des fauves est bien rempli !

L'entretien des installations et la sécurité

Faire briller le zoo

Lorsque l'on possède des animaux, s'occuper d'eux c'est aussi s'occuper de leur lieu de vie : changer la litière du chat, nettoyer le box du cheval ou l'étable des vaches. Au zoo, c'est la même chose, sauf que les chats sont des tigres, les chevaux des éléphants et les vaches des girafes.

Le nettoyage des enclos et des bâtiments est une part très importante du métier de soigneur : cela représente près des trois quarts de la journée de travail.

L'hygiène avant tout

Il y a beaucoup de règles d'hygiène et de normes à respecter. Pour soi d'abord : port de gants, lavage des mains, tenue propre... Autant de gestes essentiels à observer quand on s'occupe d'animaux.

L'environnement des animaux doit toujours être sain et propre : il faut donc retirer les excréments et les restes alimentaires tous les jours.

Les enclos sont nettoyés tous les jours par les soigneurs !

LE SAVIEZ-VOUS ?

Certains animaux comme les félins font leurs besoins toujours au même endroit. C'est une façon pour eux de marquer leur territoire et cela facilite le travail du soigneur.

Préparer des nids douillets

Entretenir les installations c'est aussi avoir le souci du confort des pensionnaires du zoo. Tous les jours, le soigneur réaménage les loges de nuit afin que les animaux aient un lit de paille fraîche et propre.

LE SAVIEZ-VOUS ?

Avant d'aller se coucher, les chimpanzés se font un nid ! Ils rassemblent de la paille propre, ou même des couvertures que nous pouvons mettre à leur disposition, et se confectionnent un endroit douillet où dormir.

C'est l'heure du nettoyage quotidien !

Munie de gants, Marie change la paille chez les saïmiris.

De beaux environnements pour émerveiller les visiteurs

Lorsque les premiers visiteurs arrivent sur le parc, ils doivent trouver un lieu parfaitement entretenu et d'une propreté irréprochable. La beauté des espaces naturels doit leur susciter admiration et enchantement. Ce sentiment d'émerveillement est nécessaire à la naissance d'un désir de connaissance et de protection des animaux : c'est ce que l'on appelle « l'expérience visiteurs ». Ceci exige donc des soigneurs un travail minutieux et parfois fastidieux au quotidien : ratissage des enclos, nettoyage des baies vitrées, entretien des espaces verts, un travail routinier nécessaire à une « expérience visiteurs » inoubliable.

La sécurité avant tout

Le soigneur doit veiller à la sécurité des visiteurs, des animaux et bien sûr à la sienne. Au zoo, on côtoie tous les jours lions, ours et éléphants, des animaux potentiellement dangereux pour l'homme !

La vigilance est impérative lors des tours de contrôle.

Attention ! Il ne faut jamais laisser un cadenas ouvert !

Attention aux allers-retours !

Dans le cadre de ses activités quotidiennes, le soigneur est amené à effectuer de nombreuses entrées et sorties dans les bâtiments et les enclos. Cependant, lorsque l'on se trouve chez les lions, ou tout autre animal dangereux, ces allers-retours ne sont pas sans danger. Il faut être très vigilant pour ne pas se retrouver nez à nez avec le félin ! Le soigneur doit donc respecter impérativement des procédures de sécurité qui incitent à la prudence telles que : contrôler les animaux, les trappes et les portes avant d'entrer dans un enclos, passer par un sas de sécurité ou encore inspecter les barrières et les clôtures électriques.

Les environnements aquatiques

Les otaries, et même les ours polaires, sont considérés comme des mammifères marins : ils passent une grande partie de leur temps dans l'eau. Les bassins doivent donc être parfaitement entretenus. L'équipe du complexe aquatique doit ainsi avoir acquis des compétences spécifiques (brossage des parois, désinfection à l'aide de **chlore,** filtration de l'eau) pour éviter que, dans ces bassins, ne prolifèrent algues et **bactéries.** Enfin, les soigneurs s'assurent du bon fonctionnement des installations et de la parfaite hygiène de l'eau de baignade en effectuant des tests quotidiens sur l'eau.

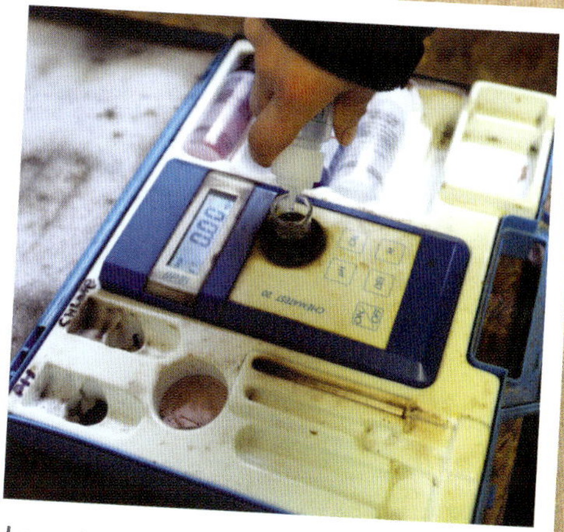

Les soigneurs nettoient très régulièrement les bassins et vérifient la qualité de l'eau.

L'observation des animaux

Petit bonjour matinal

Lorsque le soigneur arrive le matin, la plupart de ses pensionnaires ont passé la nuit au chaud dans des loges confortables. Une de ses premières missions va donc être d'aller dire un petit bonjour à ses protégés et ainsi de s'assurer que tout le monde va bien.

Les colobes guéréza viennent dire bonjour à leurs soigneurs !

Les makis cattas sont très agiles et malicieux : ce n'est pas facile de les compter !

Reconnaître chaque individu

Ce contrôle visuel est essentiel mais, pour être réalisé correctement, le soigneur doit reconnaître chacun des animaux dont il a la charge. Cela peut paraître évident, mais lorsque l'on a affaire à dix saïmiris ou quinze makis cattas qui se ressemblent tous, la tâche n'est pas si aisée !

Vérifier que tout va bien

Chaque animal du zoo a son propre caractère, ses habitudes et ses préférences alimentaires. Il est donc du devoir des soigneurs de bien les connaître, car, à la moindre anomalie, ils doivent être capables de détecter très rapidement le problème et d'en avertir immédiatement le chef soigneur ou le vétérinaire du zoo.

Comment vont les saïmiris aujourd'hui ?

Marie donne des petites friandises aux ouistitis.

Sur le qui-vive !

Durant toute la journée et jusqu'à la rentrée du soir, le soigneur passera plusieurs fois observer ses protégés : est-ce que tout le monde va bien ? Les animaux apprécient-ils les petites surprises dissimulées dans l'enclos ? Comment se comportent-ils ? Y a-t-il des bagarres ? Des accouplements ? Toutes ces observations sont ensuite notées dans un classeur de suivi qui permet de constituer un véritable dossier individuel.

Au secteur aquatique et chez les oiseaux

Otaries, rapaces et autres oiseaux de spectacle sont des athlètes. Pour eux, ce sont leurs soigneurs attitrés qui élaborent le menu de la journée. Préparation sur place, pesée de la ration du jour, puis distribution tout au long de la journée, au fur et à mesure des exercices et des efforts produits.

Barbara récompense l'aigle avec une petite souris.

LE SAVIEZ-VOUS ?

Certains reptiles, oiseaux et petits primates raffolent d'insectes vivants et de gros vers succulents. Pour contenter ces pensionnaires délicats, le zoo commande tous les quinze jours une centaine de kilos de ces petites bestioles à des élevages spécialisés.

Boubou et Boten doivent tendre la trompe pour attraper du foin.

Des filets de foin pour les éléphants

Les grands pachydermes africains passent une très grande partie de la journée à manger. Pour satisfaire ce besoin essentiel, les soigneurs garnissent tous les matins d'énormes filets de foin qu'ils élèvent ensuite dans les arbres. Ce dispositif permet d'occuper les éléphants qui devront passer beaucoup de temps à aller chercher délicatement de petites quantités de fourrage à l'aide de leur trompe. Cet exercice est aussi excellent pour les muscles de leur cou !

Les saïmiris raffolent des insectes !

Quelle logistique !

Nourrir près d'un millier d'animaux tous les jours nécessite une très bonne organisation. Le rôle des soigneurs est donc aussi de gérer les stocks et les approvisionnements.

Pour ne jamais manquer de nourriture, un camion du zoo part tous les jours au ravitaillement et rapporte ainsi une très grande quantité de fruits et légumes qui satisferont tous les appétits.

LE SAVIEZ-VOUS ?

Le zoo travaille avec une dizaine de fournisseurs différents pour se procurer toute la nourriture dont les animaux ont besoin. Certains de ces aliments sont très spécifiques : poudre de bambou pour les pandas, aliment spécial fourmiliers, croquettes pour les tortues, granulés pour les girafes, **gommes** pour les ouistitis, croquettes pour les singes...

L'enrichissement

Qu'est-ce que l'enrichissement ?

Le soigneur veille au bien-être physique et mental de ses protégés. Tous les jours, il va donc chercher à éveiller leur curiosité, à les amuser, à stimuler leurs sens ou encore à entretenir leur forme physique : c'est ce que l'on appelle l'**enrichissement.** Il en existe plusieurs sortes.

Le soigneur dépose un petit morceau de nourriture dans les bambous pour stimuler les animaux.

L'enrichissement social

Le soigneur va provoquer des rencontres avec des **congénères** ou des animaux appartenant à d'autres espèces. Dans le secteur de la pampa par exemple, le soigneur peut ne sortir qu'un tapir le matin et le deuxième l'après-midi : cela provoquera des retrouvailles, donc des comportements intéressants.

L'enrichissement social, c'est aussi l'interaction avec l'homme, qu'il soit soigneur ou visiteur, ou encore l'utilisation d'outils comme des peluches ou bien même des miroirs pour faire le fameux test.

Le test du miroir

L'équipe chargée des éléphants a fait le test du miroir avec les pachydermes : Boubou et Boten ont réagi totalement différemment lorsqu'ils ont été confrontés à leur reflet : Boubou a tout de suite compris alors que Boten a eu besoin de plus de temps. Deux éléphants, deux personnalités bien différentes !

L'enrichissement intellectuel

C'est ce qui va provoquer chez l'animal une réflexion ou lui demander une adaptation à différentes situations. On retrouve ce type de comportements lors des séances d'entraînement ou lorsque le soigneur place un puzzle ou un « carton surprise » devant les perroquets ou les chimpanzés.

Le soigneur peut aussi proposer des expériences nouvelles : une odeur inhabituelle ou un nouvel aliment.

Vasco et Dolores découvrent leur « carton surprise » et s'amusent dedans.

Katinka, l'ours polaire, joue avec son carton.

L'enrichissement physique

Le soigneur va faire varier l'habitat de l'animal grâce à de nouvelles structures, des perchoirs différents en taille et en texture, de nouvelles branches accrochées ou encore des sols différents à certains endroits (des copeaux de bois, du sable, des graviers, des feuilles mortes).

Il est aussi possible de proposer différents types de nids ou d'abris que les animaux pourront essayer, choisir voire construire et aménager eux-mêmes.

Le soigneur peut aussi aménager des barrières visuelles derrière lesquelles les animaux se cachent pour être tranquilles.

Des cordes sont accrochées pour que les singes puissent s'y balancer.

LE SAVIEZ-VOUS ?

Les équipes chargées des primates et des éléphants laissent souvent la radio dans les bâtiments : c'est de l'enrichissement auditif.

L'enrichissement sensoriel

En plaçant dans l'enclos des petits objets manipulables (ballons, vieux vêtements, cartons), le soigneur stimule le sens du toucher mais aussi l'envie de jouer. Pour l'odorat ou le goût, il pourra utiliser des épices, des huiles essentielles ou même déposer des crottes d'autres animaux.

Pour stimuler la vue, on peut avoir recours à des images, des miroirs ou des jouets en mouvement qui peuvent immédiatement déclencher chez les félins leurs réflexes de prédateurs.

Quel joueur, ce Taïko !

L'enrichissement alimentaire

C'est le fameux glaçon au jus de viande pour les ours polaires et la distribution de pastèques pour les mandrills, singes voisins des babouins !

Le matin, les soigneurs passent beaucoup de temps à dissimuler de la nourriture dans des troncs, sous la terre ou dans des objets de type « casse-tête alimentaire ». Au moment de la sortie, les animaux vont ainsi passer du temps à participer à ces chasses au trésor !

Ce sera courges suspendues et pâte collée sur des troncs pour la chasse au trésor des singes.

Le suivi de reproduction et l'élevage des jeunes

Les bébés hippopotames pèsent entre 30 et 50 kg à la naissance. Ils peuvent naître sous l'eau.

Le rôle des soigneurs

Par ses observations, le soigneur remarque si les animaux s'entendent bien et s'ils pourront avoir des petits ensemble. Il doit noter lorsqu'une femelle **est en chaleur** car c'est à ce moment précis qu'il faut être vigilant afin de ne pas rater le moment propice aux accouplements. À partir de cet instant, le soigneur pourra ensuite calculer la date de la naissance, à quelques jours près.

Bienvenue aux bébés !

Le jour J tant attendu est arrivé et, ce matin, le soigneur a la joie de trouver des bébés nés durant la nuit. Il doit immédiatement vérifier que les parents et les petits ont tout ce dont ils ont besoin : chaleur, confort, nourriture adaptée et tranquillité. Les premières heures qui suivent sont alors cruciales car il faut s'assurer que la mère s'occupe bien de ses petits et que ces derniers prennent bien leurs premiers repas.

Le grand jour

Après plusieurs jours de soins maternels vient le grand jour du « baptême » ! Toute l'équipe se réunit autour du vétérinaire pour isoler les petits afin de les examiner les uns après les autres. On les inspecte, on vérifie qu'ils sont en bonne santé, on les pèse et on détermine s'il s'agit d'un mâle ou d'une femelle.

LE SAVIEZ-VOUS ?

Pour certains oiseaux c'est compliqué de savoir s'il s'agit d'un mâle ou d'une femelle car il est impossible de les différencier. Le vétérinaire prélève alors trois ou quatre petites plumes qu'il envoie à un laboratoire pour des analyses génétiques. Résultat garanti !

Le girafon reçoit son biberon matinal.

Un numéro pour la vie

Le premier examen est aussi le moment idéal pour **identifier** l'animal. Tandis que le soigneur tient son protégé, le vétérinaire place sous la peau du bébé une **puce** électronique de la taille d'un petit grain de riz et portant un numéro unique. C'est une sorte de tatouage électronique qui suivra l'animal toute sa vie.

L'élevage artificiel

Parfois, il est nécessaire de se substituer à la mère et c'est aux soigneurs que revient la tâche de l'élevage des jeunes. L'élevage des jeunes oiseaux est une pratique assez courante. Les soigneurs récupèrent les œufs directement dans le nid et les placent dans une couveuse jusqu'au jour de l'éclosion. Ensuite, l'équipe va se relayer plusieurs fois par jour pour apporter la **becquée** à l'oisillon à l'aide d'une pince ou d'une petite **sonde.**

Pour les mammifères, il faut biberonner ! Jusqu'au jour du **sevrage,** les soigneurs vont se relayer pour donner le biberon au petit, puis ils lui apprendront progressivement à se comporter comme les autres animaux de son espèce afin que le jeune individu puisse regagner rapidement son groupe d'origine.

LE SAVIEZ-VOUS ?

L'élevage des bébés mammifères par des humains n'est pas toujours possible car, pour certaines espèces, cela perturbe gravement le comportement des animaux et ce de manière irréversible.

L'entraînement médical

Qu'est-ce que l'entraînement médical ?

Au zoo, les soigneurs ont mis en place une incroyable méthode pour inviter leurs pensionnaires à se laisser examiner et soigner avec confiance : c'est ce que l'on appelle l'entraînement médical.

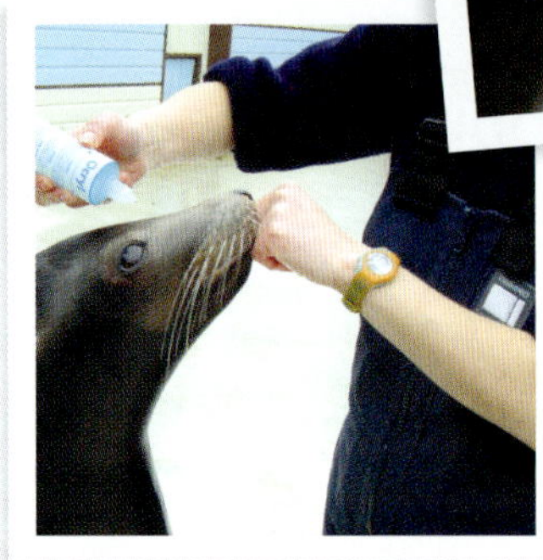

Grâce aux séances d'entraînement, Cyril peut mettre facilement des gouttes dans les yeux de l'otarie.

Même les guépards participent à l'entraînement médical.

Le renforcement positif

Le soigneur va d'abord apprendre à son protégé à reconnaître une cible : il peut s'agir de son poing ou d'une petite boule à l'extrémité d'un bâton. Lorsque l'animal va toucher la cible, le soigneur va siffler pour lui faire comprendre qu'il a fait le bon geste et qu'il va donc recevoir une récompense. C'est ce que l'on appelle le renforcement positif. C'est un travail qui nécessite temps, patience et confiance.

Vers les soins médicaux

À partir de ce simple comportement, il va être ensuite possible de demander à l'animal de monter sur une balance ou de se placer dans différentes situations pour pouvoir être examiné puis soigné. Évidemment, pour les espèces dangereuses, comme les ours ou les éléphants, cela se fait toujours derrière un mur de protection.

Grâce à cette méthode douce, le vétérinaire peut examiner le corps de l'individu, ses yeux, ses pattes et sa dentition, sans générer aucun stress aussi bien de son côté que de celui de l'animal.

Et pour effectuer une prise de sang ? Même principe ! L'animal va accepter la petite douleur de la piqûre car il a confiance et a appris qu'il aura ensuite une récompense pour s'être bien comporté.

LE SAVIEZ-VOUS ?

Au zoo, l'entraînement médical est possible avec beaucoup d'espèces : otaries, éléphants, ours, tigres, guépards, chimpanzés, pandas roux, gibbons, loutres...

LE SAVIEZ-VOUS ?

Que faire si l'animal ne fait pas le bon comportement ? On le punit ? Non ! Quand il veut faire comprendre à son protégé qu'il ne s'est pas comporté correctement, le soigneur va l'ignorer quelques secondes puis revenir vers lui et lui redemander d'effectuer l'exercice.

Taïko montre ses impressionnants crocs à son soigneur.

La pédagogie

Les hippopotames semblent ravis de faire connaissance avec leurs jeunes visiteurs.

Les animations

Dès l'ouverture du parc, des rendez-vous sont donnés aux visiteurs pour qu'ils aillent à la rencontre des animaux et de leurs soigneurs : le goûter des manchots, la plongée des ours polaires, le nourrissage des girafes ou encore la douche des éléphants sont des moments privilégiés d'échange et de sensibilisation.

La connaissance au cœur des échanges

Captivés par l'animal en action sous leurs yeux, les visiteurs vont pouvoir écouter les messages pédagogiques délivrés par le soigneur : informations sur la biologie de l'espèce, menaces pesant sur elle dans la nature, moyens et actions pour préserver la biodiversité et la nature.

Les visites guidées et les ateliers

Pendant quelques heures, le soigneur accompagne un groupe de personnes, une classe de jeunes élèves ou encore des adultes passionnés lors d'une visite du parc sous le signe de la rencontre avec les animaux. C'est ici que la mission éducative des zoos prend toute son importance, surtout quand le soigneur s'adresse à des enfants lors d'un atelier pédagogique.

Partager son savoir

Durant cette visite, des thèmes très divers concernant le règne animal et la nature vont être abordés : l'alimentation, la reproduction, la communication, les animaux et leurs milieux, les espèces menacées ou encore le développement durable. Le soigneur doit faire preuve de beaucoup de pédagogie pour transmettre avec clarté ses connaissances et sa passion.

Les soigneurs aiment présenter leurs animaux et partager leur passion.

Soigneur d'un jour

Découvrir la réalité du métier de soigneur, approcher les animaux et en apprendre un peu plus sur leur mode de vie et sur la façon dont on s'occupe d'eux au zoo, c'est possible ! L'équipe animalière accueille tous les jours des personnes avec lesquelles elle va partager son quotidien. Encore une fois, c'est la transmission de savoirs et d'une passion qui anime les soigneurs dans leur travail quotidien.

Les spectacles

Du côté des otaries

La pesée

L'équipe du secteur aquatique commence par peser les otaries. Comme pour des athlètes, les soigneurs, qui sont donc aussi des entraîneurs, vont calculer la quantité de nourriture dont chaque animal aura besoin.

Il ne faut pas donner trop de sardines aux otaries !

En piste !

Un soigneur se rend au studio « son » pour animer le spectacle tandis qu'un autre sera sur la plage avec les animaux pour présenter les exercices. Chaque otarie sait faire presque tous les exercices, cependant elles ont chacune leurs préférences.

Il aura fallu des années de travail pour que les otaries connaissent chaque exercice dont l'apprentissage se fait sur les mêmes bases que celles de l'entraînement médical : patience, confiance et respect.

L'équipe a su lier avec ses animaux une étroite relation d'amitié et de confiance. Cette complicité est évidente lorsque l'on regarde un tel spectacle !

LE SAVIEZ-VOUS ?

Les otaries ne sont jamais obligées de faire le spectacle, mais ces animaux aiment travailler, et parfois une simple caresse suffit à les récompenser. Lorsque l'une d'elles échoue à un exercice, elle propose souvent de le refaire, juste pour faire « plaisir » à son soigneur.

Du côté des oiseaux

Sur la balance !

Comme pour les otaries, tout commence par la pesée du matin. Ceci est particulièrement important car les oiseaux volent à un « poids de forme » que les soigneurs doivent impérativement connaître. Après avoir noté le poids de chacun, il faudra ensuite calculer la quantité de nourriture qu'il recevra.

L'envol

Le spectacle des oiseaux est l'occasion de voir ces majestueux animaux en plein vol. Les soigneurs doivent donc s'adapter à chaque espèce pour pouvoir la présenter au public : on ne fait pas voler un vautour comme on fait voler un perroquet ou une cigogne, d'autant plus que tout ce petit monde ne cohabite pas forcément bien.

Vers la récompense

Pour faire voler le peuple des airs en harmonie, il faut donc connaître le comportement, les habitudes alimentaires et les préférences de chacun. Ainsi, un aigle sera surtout motivé par la nourriture alors qu'un ara volera pour retrouver le soigneur qu'il apprécie !

LE SAVIEZ-VOUS ?

Lorsqu'il fait voler des rapaces, le soigneur devient fauconnier ! Pour se protéger des serres pointues des faucons et des aigles, il porte à la main gauche un épais gant de cuir sur lequel viennent se poser les oiseaux.

L'équipement électronique des oiseaux

Avant de lâcher en vol libre les oiseaux, certains d'entre eux sont équipés d'un petit émetteur. Si un faucon ou un aigle est emporté par le vent sans pouvoir revenir, les fauconniers sortent le récepteur pour capter le signal émis par l'émetteur. Après avoir parcouru la campagne, on arrive ainsi à retrouver l'oiseau égaré, parfois non sans mal.

Tout va bien ! L'aigle est à son poids de forme.

Les soins vétérinaires

Repérer et donner l'alerte

Le soigneur est celui qui connaît le mieux ses animaux. Il est d'ailleurs formé et qualifié pour être assistant vétérinaire. C'est lui qui détectera le plus tôt un comportement anormal ou qui trouvera dans la loge des signes d'une éventuelle maladie. Il appelle alors immédiatement le vétérinaire pour que celui-ci puisse venir examiner l'individu.

LE SAVIEZ-VOUS ?

Comme on l'a vu précédemment, grâce à l'entraînement médical que le soigneur-entraîneur a mis en place, pas besoin de capture ou de contention : l'animal est l'acteur volontaire de ses soins !

LE SAVIEZ-VOUS ?

Pour certains animaux, comme les primates ou les perroquets, qui ont tissé un lien de confiance avec leur soigneur, ce dernier ne participe jamais à la capture ou à la contention. Sinon, ce lien serait rompu !

Capture et contention

Si le vétérinaire estime que cela est nécessaire, et si la taille et le comportement de l'animal le permettent, le soigneur va devoir attraper l'animal. Il utilise pour cela des filets ou des épuisettes, sans oublier une bonne paire de gants.

Ensuite, il faut tenir le patient pour que le vétérinaire puisse l'examiner et lui administrer les premiers soins : on appelle cela la **contention.** Ce geste nécessite de l'assurance et des compétences bien précises car on ne tient pas de la même manière un iguane, un toucan ou un saïmiri. Cela s'apprend !

LE SAVIEZ-VOUS ?

Les colobes font partie des primates les plus difficiles à soigner car ils détectent très rapidement la présence du médicament. Parfois un peu d'avocat aide à faire avaler la pilule !

Des soins sont prodigués au capybara.

Les soins

Le vétérinaire confie au soigneur la charge de faire des soins quotidiens ou de donner les médicaments qu'il aura prescrits pour l'animal malade. Il faut parfois faire preuve de patience, d'astuce et de ruse pour faire avaler un comprimé à un singe malicieux.

Le panda roux accepte le médicament donné par son soigneur.

Les chirurgies

Les soigneurs peuvent être amenés à prêter main-forte au vétérinaire lors de certaines opérations. Ils ont donc appris les gestes de base pour donner les bons instruments, tenir les fils ou surveiller l'anesthésie. Ils doivent aussi avoir le cœur bien accroché !

La convalescence

Tous les jours, les soigneurs surveillent l'évolution de l'état de santé de leurs animaux malades. Ils apportent du réconfort et notent les progrès durant cette période délicate, jusqu'au jour où le vétérinaire signifiera que tout va bien, que le traitement est terminé et que l'animal est guéri.

LE DICO DU SOIGNEUR

Bactérie (une) : être vivant que l'on ne peut pas voir à l'œil nu. Ce micro-organisme peut être à l'origine de maladies.

Becquée (la) : dans la nature, c'est une petite quantité de nourriture qu'un oiseau prend dans son bec pour nourrir ses petits. Dans les zoos, c'est le soigneur qui met directement la nourriture dans le bec du bébé grâce à une pince ou à une petite sonde.

Binôme (un) : deux personnes qui travaillent ensemble pour aller vers un même objectif.

Chlore (le) : gaz toxique, que l'on retrouve souvent sous forme liquide, qui possède des propriétés désinfectantes.

Congénère (un) : se dit d'un animal qui est de la même espèce qu'un autre.

Contention (la) : procédé employé par les soigneurs pour immobiliser un animal, afin de pouvoir poser un diagnostic ou bien lui administrer des soins.

Enrichissement (l') : l'ensemble des activités ludiques qui stimulent les animaux : recherche de friandises, nouveau jouet...

Éthologue (un) : personne qui étudie le comportement des animaux grâce à l'observation.

Être en chaleur : se dit lorsqu'une femelle recherche un mâle pour s'accoupler. Quand il s'agit d'un mâle, on parle plutôt de rut.

Fauconnier (un) : personne qui dresse les oiseaux de proie comme les aigles, les faucons et les chouettes.

Gomme arabique (la) : amas de sève provenant d'arbres appartenant à la famille des acacias. Riche en glucide, elle prend la forme de petits cristaux.

Identification (l') : le soigneur attribue un numéro unique qui suivra l'animal pour toute sa vie. C'est un peu son prénom numérique.

Jeûne (un) : période durant laquelle l'animal arrête de s'alimenter, mais peut continuer de s'hydrater, parce qu'il hiberne ou bien parce qu'il est en période de reproduction.

Mue (une) : lorsqu'il grandit, vieillit ou change de milieu, le serpent renouvelle sa peau. Ce renouvellement, partiel ou total, prend le nom de mue.

Ocelot (un) : félin sauvage à la fourrure grise et tachetée vivant en Amérique. Il ressemble à un gros chat ou à un petit léopard.

Puce (une) : aussi appelée transpondeur, cette petite pastille électronique de la taille d'un grain de riz se place sous la peau de l'animal à l'aide d'une seringue. Elle donne le numéro d'identification de l'animal.

Ratisse (une) : outil de jardinage avec de grandes dents en éventail qui sert à nettoyer le sol.

Sevrage (le) : période durant laquelle les bébés arrêtent progressivement l'alimentation lactée pour commencer à manger des mets plus consistants.

Sexer un animal : examen lors duquel le soigneur détermine si l'animal est un mâle ou une femelle.

Sonde (une) : instrument long et fin en forme de tube qui est introduit dans la bouche de l'animal et dans lequel le soigneur fait glisser un liquide ou de la nourriture.

Terrarium (un) : installation imitant le lieu de vie des reptiles, araignées et autres petits animaux terrestres.

Crédits

France Télévisions, Banijay Productions France et Paul Rodrigues : logo « Une saison au Zoo », motifs animaliers (p. 3, p. 5 et p. 46)

Éléments de maquette : Fotolia.com

Zoo de La Flèche : p. 4 (haut gauche, milieu et bas gauche), p. 7 (bas), p. 10 (bas), p.11 (bas), p. 12 (bas gauche), p.13, p. 14-15, p. 16 (bas), p. 21, p. 26 (droite), p. 28 (droite), p. 31-32, p. 33 (haut), p. 34-35, p. 36 (droite), p. 38-40, p. 42-43

S. Cordier : p. 22 (haut), p. 23 (bas), p. 24 (bas)

K. Beautemps – NiceWeather : p. 4 (haut droite et bas droite), p. 6, p. 7 (haut), p. 8-9, p. 10 (haut), p.11 (haut), p. 12 (haut et bas droite), p. 16 (haut), p. 17 (bas), p. 18, p. 19-20, p.22 (bas), p. 23 (haut), p. 24 (haut), p. 25, p. 26 (gauche), p. 27, p. 28 (gauche), p. 29-30, p. 33 (bas), p. 36 (gauche), p. 37, p. 41, p. 45

1re de couverture : Zoo de La Flèche, K. Beautemps – NiceWeather et Fotolia.com

4e de couverture : K. Beautemps – NiceWeather

PAPIER À BASE DE FIBRES CERTIFIÉES

LAROUSSE s'engage pour l'environnement en réduisant l'empreinte carbone de ses livres. Celle de cet exemplaire est de :
250 g éq. CO_2
Rendez-vous sur www.larousse-durable.fr

Imprimé en Fastline team par Pollina (France) – L2288
Dépôt légal : janvier 2017 – 318827/01
N° de projet : 11034235 – janvier 2017